그런 줄 알고 살았다

어진이

그런 줄 알고 살았다

초판 1쇄   2025년 8월 15일

지은이   어진이(이인숙)
발행인   김재홍
교정/교열   김헤린
디자인   박효은
마케팅   이연실

발행처   도서출판지식공감
등록번호   제2019-000164호
주소   서울특별시 영등포구 경인로82길 3-4 센터플러스 1117호(문래동1가)
전화   02-3141-2700
팩스   02-322-3089
홈페이지   www.bookdaum.com
이메일   jisikwon@naver.com

가격   13,000원
ISBN   979-11-5622-951-3 03810

ⓒ 이인숙 2025, Printed in South Korea.

- 이 책은 저작권법에 따라 보호받는 저작물이므로 무단전재와 무단복제를 금지하며 이 책 내용의 전부 또는 일부를 이용하려면 반드시 저작권자와 도서출판지식공감의 서면 동의를 받아야 한다.
- 파본이나 잘못된 책은 구입처에서 교환해 드립니다.

시인의 말

사는 동안 마주친 모든 인연과 감정이
은연중에 시가 되어 마음을 두드렸습니다.
잊은 줄 알았던 풍경들
많이 흐려졌지만 여전히 남아 있는
그 조용한 기억 속에서 '나'를 찾고,
시를 통해 비로소 위로받았습니다.
이 시집은 그동안 모은 제 마음의 기록입니다.
계절이 바뀌듯 마음도 바뀌고, 사람도 떠나지만,
지나간 것들이 모두 아름답기를 바라는 마음으로
시를 써왔습니다.
그리움이 스며든 하루
때로는 꽃잎처럼, 때로는 눈발처럼
말 대신 마음을 적어 내려가는 편입니다.
첫 시집 『그런 줄 알고 살았다』를 통해
내면과 오랜 인연, 그리고 시간의 풍경들을
독자와 함께 나누고자 합니다.

2025년 여름 明霞亭에서
어진이 이인숙

추천사

『그런 줄 알고 살았다』는
살아오는 동안 삶의 그늘과 빛,
혼자서 견디고 말하지 못했던 마음을
담백한 언어로 풀어낸 어진이의 첫 시집입니다.
시인은 40여 년을 수필가로 살아오며
사람과 세상, 기억을 따뜻하게 바라본 시선을
이제 시로 옮겼습니다.
자아, 죽음, 가족, 귀향, 홀로서기 등
삶의 보편적인 키워드로 묶인 이 시들은
공감과 위로, 사유와 여운을 남기는
고요입니다.

윤덕명 교수

우리는 모두
'그런 줄 알고' 살아온 날들이 있습니다
무심히 지나쳤던 사람,
떠나보낸 후
뒤늦게 피어난 마음들.
이 시집은 그런 순간들을
한 편의 시로 꺼내어 다시 바라보게 합니다.
견뎌 온 날들과 보내야 했던 인연들에
어진 친구의 조용한 시선이 그려집니다.
마치 내 이야기를 대신 해 주는 것처럼
읽은 후에도 마음에 오래도록 여운이 남습니다.

친구 근영

추천사

『그런 줄 알고 살았다』 발간에
스승님께 드리는 편지

스승님,
시는 살아낸 사람만이 쓸 수 있다는 것을
스승님께 배웠습니다.

눈물 젖은 페이지마다
작은 생의 진실이 떨리고,
침묵마저 따뜻하게 감싸 안는
한 줄, 한 줄의 시.

저는 그저
시집으로 알고 읽기만 했습니다.
하지만 그 속엔
묵묵히 견디고 건너온
스승님의 지난 시간엔
삶의 강이 흐르고 있었습니다.

이제 알겠습니다.
『그런 줄 알고 살았다』는
슬픔을 껴안고도
다시 사랑을 말할 수 있는
용기의 이름이라는 것을요

감사합니다.
존경합니다.
스승님의 시심을 새기며
저도 오늘, 또
내일을 열심히 살아가겠습니다.

제자 성예진 올림

차례

시인의 말 … 3
추천사 … 4

제1장 / 내 마음의 기록

그런 줄 알고 살았다 … 12
시가 오지 않는 밤 … 13
시를 쓰는 마음 1 … 14
시를 쓰는 마음 2 … 16
불완전한 고백 … 17
시를 쓰는 사람 … 18
사색 … 19
시가 좋다 … 20
나의 詩 … 22
응시 … 23
시집을 기다리며 … 24
양심에 대하여 … 25

못다 한 꿈 … 26
비밀에 대하여 … 27
운명과 그리움 … 28
사색의 시간 … 29
마지막 고백 … 30
어제라는 조각들 … 31
오늘이라는 쉼표 … 32
내일의 걱정과 기대 … 33
글을 쓰는 일 … 34
마지막 고요 속에서 … 35
한밤의 독백 … 36

제2장 / 기억 속에 핀 그리움 한 송이

칠월의 한가운데 … 40
이름 하나로 사는 날 … 42
영원을 믿게 한 사람 … 44
鶴이 되어 … 45
내 안의 마지막 풍경 … 46

사월의 숲 … 48
삼월의 눈(雪) … 49
한밤의 꽃길 … 50
수선화에게 … 52
봄 속에 내가 있어요 … 53

인생 ⋯ 54
이 세상 아름다운 여정을 위함입
니다 ⋯ 54
멋진男 ⋯ 55

평범男 ⋯ 56
서민男 ⋯ 57
어떤 사내男 ⋯ 58
돌아가는 길 ⋯ 59

제3장 / 바람이 지나간 자리

마음의 고향 ⋯ 62
황혼길 ⋯ 63
고향 친구 ⋯ 64
마음의 숙소 ⋯ 66
고향이라는 풍경 ⋯ 67
허무의 정리 ⋯ 68
거울 앞에서 ⋯ 69

마지막 귀향 ⋯ 70
나라는 풍경 ⋯ 72
말하지 못한 마음 ⋯ 73
이젠 알겠습니다 ⋯ 74
그래도 좋았던 시간 ⋯ 76
지금 나는, ⋯ 77
이제는 나를 위해 ⋯ 78

제4장 / 지나고서야 알았다

그리움이라는 것 ⋯ 82
사소한 웃음 하나 ⋯ 83
기억은 거기 그대로 ⋯ 84
자아 ⋯ 86
화답 ⋯ 87
죽음 ⋯ 88
가족 ⋯ 89
아버지 ⋯ 90
선비 같은 아버지 ⋯ 91
못다 핀 이름
 - 선희 언니에게 ⋯ 94

큰언니 ⋯ 96
1980년 김순경 ⋯ 98
어느 날, 나지막한 등불처럼 떠오
른 ⋯ 101
오빠의 봄날 ⋯ 102
청운의 꿈 ⋯ 103
화려한 시간은 가고 ⋯ 104
귀향 ⋯ 106
살며시 다시 꺼내보는 일입니다
⋯ 106
잊고 싶은 시간, 남은 인연 ⋯ 107

바람처럼 흔들립니다. … 107
꽃을 꿈꾸던 나무 … 108
다시 피는 길 … 110
돌아보면, … 112

말하지 못한 사랑 … 114
묘한 사람 … 117
내 안에 넣어두기로 했습니다 … 117

제5장 / 오늘에 이르기까지

잊었습니다 … 118
모두 비슷했습니다 … 120
살면서 … 122
못다 이룬 꿈 … 124
순수의 시절 … 125
고독 … 126
잃어버린 봄의 기억 … 128
말 없는 사물들 앞에서 … 129
다시 피어나는 편지 … 130
늦은 확신 … 131
반나절 그리움 … 132
아픔의 흔적 … 135

내 속 … 136
고독과 그리움 … 137
침묵 … 138
고요 … 139
미안합니다 … 140
마음의 모양 … 141
그런 줄 알고 살았습니다 … 142
내 이름을 지키는 하루 … 144
세월은 누구에게나 … 146
교육은 인생을 길러내고 … 147
흔적 … 148
영혼의 방랑을 접고 … 149

제6장 / 내일을 위한 다짐

그럼에도 살아갑니다 … 150
아직 남아 있는 날들 … 151
어제와 다른 나 … 152
끝나지 않은 노래 … 153

전부 … 154
답장 없는 편지 … 155
경험 … 156
마지막 편지 … 158

작가의 후기 … 160

제1장

내 마음의 기록

그런 줄 알고 살았다

그 옛날
너와 나눈 이야기
너를 향한 믿음이
너를 향한 기대가
너를 향한 그리움이
꽃이 되고
잎이 지며
바람 따라 흩어진 줄 알았다.
지금까지 나는
그런 줄 알고 살았다.

시가 오지 않는 밤

생각은 많은데
한 줄도 적지 못하는 밤
시가 나를 떠난 게 아니라
내가 시를 두고 먼 길을 돌아온 듯
적막이 말이 된다면
울음보다 먼저 울었을 것입니다.

마땅한 단어가 내게 오기까지
참 많은 시간이 걸립니다
말은 빠르지만
진심은 느린가 봅니다
그래서 시는
늘 나중에 오는 것 같습니다

시를 쓰는 마음 1

좋은 풍경 앞에서
잠시 멈추는 가슴이 있습니다.
아무 말 없어도
깊어지는 감동이 있습니다.
그럴 때 詩는
소리 없이
피어납니다.

고뇌도 있고,
슬픔도 있고,
이유 없이 흐르던
눈물도 있습니다.

감춘 마음
꺼내 놓고 싶어지는 날,
누군가
들어주길 바라는 마음.

단 한 사람이라도
어디선가
같은 길을 걷고 있다면

그 마음에
작은 불빛이 되고 싶습니다.

시를 쓴다는 건
때로는
무겁고
조심스러운 일입니다.

그러나
그 모든 것을 지나
한 줄,
한 문장 끝에
나와 닮은
누군가를 만나고 싶습니다.

시를 쓴다는 건
결국,
그 마음 하나
조용히
건네는 일입니다.

시를 쓰는 마음 2

쓰는 건 마음이지
펜이 아닙니다
종이는 울음을 듣고
손끝이 그 울음을 따라갑니다
때론 쓰지 못한 시가
가장 솔직하기도 합니다

불완전한 고백

나는 늘
무언가를 다 쏟아내고 싶은데
다하지 못합니다
의도한 것도
의도하지 않은 것도
그 여백에 시가 빙빙 맴돕니다
그게 나의 고백입니다

시를 쓰는 사람

시를 쓰는 사람은
사는 게 궁금한 사람인가 봅니다
마음이 아픈 이유를
기억이 남는 이유를
말하지 않아도 아는 사람이길 원합니다
그리고
아무 말 없이도
누군가를 사랑하는 사람이라 하겠습니다

사색

사색 없이 글을 써 보려 하면
글이 안 써집니다.
사색을 너무 깊게 하다 보면
글이 안 써집니다.
망설임을 너무 오래 하다 보면
글이 안 써집니다.
글은 사색하면서 쓰는 것이고
쓰면서 사색하는 절묘한 작업입니다.

시가 좋다

샘물처럼 맑게 솟는
속 깊은 그리움,
샘물처럼 고요하게
자꾸만 흘러나와
마음끝을 적십니다.

폭포처럼 거칠게도
쏟아지는 울분,
폭포처럼 숨 가쁘게
세상을 향해 부딪쳐도
아무도 듣지 않죠.

말로 하다 삼킨 마음,
눈물로만 흐른 날들.
그럴 적엔 나는 조용히
시 한 줄을 씁니다.

시는 나의 작은 창문,
시는 나의 깊은 숨결.
시는 나의 말 못한 말,

시는 나의 울지 못한
울음입니다.

시가 아니면 무엇으로
이 마음 건너겠습니까.
시가 아니면 누구에게
이 진심 보여주겠습니까.

그래서 나는
오늘도 조용히
한 줄 시를 씁니다.
한 줄 시로 견딥니다.

나의 詩

살아낸 날들,
놓아야 했던 인연,
사는 동안 마주친 모든 인연과 감정이
언젠가 詩가 될 것이라 생각했습니다.
이따금 제 마음을 두드리는 소리…
소리 내어 말하지 못한 이야기들…
잊은 줄 알았던 풍경들…
흩어졌지만 여전히 남아 있는 이름…
다시 피어난 마음을 엮어보려 합니다.
그 조용함 속에서 '나'를 찾고,
시를 통해 비로소 위로받습니다.
나를 위한 마음의 기록입니다.
내 글, 내 詩 한 줄이
누군가의 심상을 따뜻하게 스쳐 간다면
그 하나면 충분하다고 봅니다.

응시

유난히 슬프거나 힘들거나
혹은 외로울 때
내가 나를 멀리 놓고
바라볼 때가 있습니다.
이런 안쓰러운 심상을
실감 나게 글을 쓰리라
자기 발견, 자기 추적, 자기 옹호, 자기 성찰
이런 요소들이 시가 된다는데
아직도 내 맘에 시를 못 쓰고
세월만 바라봅니다.

시집을 기다리며

인생길에서
한평생 길을 걷다
뒤돌아본 발자국은
참 조용히
나를 지켜 온 마음뿐입니다.

무엇을 이룬 것보다
어떻게 살아왔는가
그 물음 하나
길 위에 조용히 남았습니다

양심에 대하여

속이지 않고
숨기지 않고
흔들려도 다시 일어섰던 날들

말은 적고
고개는 자주 떨구었지만
그래도 나는 끝끝내
나의 양심을 데리고 살았습니다

못다 한 꿈

젊은 날
붉은 노을 바라보며
쓰다 만 시의 구절들

책상 한쪽에 묻힌
빛바랜 낱장들 속에
아직 다 적지 못한
내 마음의 밤이 머물고 있습니다

비밀에 대하여

말하지 못한 말이
꼭꼭 감춰둔 사연들이
가끔 눈빛으로 새어 나갑니다

누구도 묻지 않았지만
늘 내 안에 머물렀던 이야기
그건 비밀이라기보다
아직 준비되지 않은 진심입니다

운명과 그리움

가는 것은 가고
남는 것은 남는다지만
내가 붙잡고 싶은 건
이미 떠난 것들입니다.

운명은 늘
어긋난 시간에 도착했고
그리움은 언제나
그 자리에 머물러 있습니다.

사색의 시간

말하지 않아도
알고 있는 마음처럼
생각은 가끔
나를 대신해 시를 써줍니다
한 세월을 넘기며
나는 오늘도 묻고 있습니다
언제쯤
괜찮은 시집을
세상에 내어놓을 수 있을까요

마지막 고백

이 시집은
내가 살아낸 마음의 증언서

끝까지 놓지 않았던
양심과 사색과 그리움으로
나는 오늘,
세상 밖으로 조용히 내놓습니다.
이제야
쓰게 된
내 이름의 시집 하나
(그런 줄 알고 살았다)

어제라는 조각들

그 많은 어제가
천천히 쌓여
지금이 되었습니다

잊은 줄 알았던 기억도
묻은 듯 지나간 실수도
모두 내 마음의 굴곡을 만들었습니다

무엇 하나
헛되이 흘러간 날은 없습니다
나는 그렇게
오늘이라는 나무에
테두리 하나를 또 새깁니다

오늘이라는 쉼표

오늘도
그저 그런 하루입니다

작은 바람이 지나가고
찻잔의 김이 식어가는 동안
나는 문득
내 나이를 떠올립니다

육십 중반,
실감 나지 않지만 오래 살았습니다.
허전함보다
다행스러움이 먼저 드는 나이

조금은 느긋하게
조금은 너그럽게
나를 품는 법을 배우는 중입니다

내일의 걱정과 기대

내일의 나는
어떤 표정을 지을까요
잘 걸을 수 있을지
잘 웃을 수 있을지
가끔은
내일의 내가 낯설까 봐 두렵습니다
마음이 약해질 때도 있고
생각이 너무 많을 때도 있습니다

하지만,
내일의 나도
오늘의 나처럼
어제를 품고 있을 테니까 나는 믿습니다

글을 쓰는 일

이제는
글 하나 써보는 것도
하루의 기쁨이 됩니다
말하지 못했던 마음
이름 없이 지나간 날들
그 모든 것을
조용히 옮겨 적는 일

글을 쓰다 보면 내가
다정한 사람이 되는 것 같습니다.
부드러운 사람이 되는 것 같습니다.
내가 쓰는 문장이
내일의 나를
조금 더 좋은 사람으로
만들어 줄 거라는 기대가 생깁니다.

마지막 고요 속에서

마지막 장면이
언제 올지는 모르지만
나는 지금
나의 하루를 다 쓰고 싶습니다
내 기억하고 있는 모두를
다 건네고 싶습니다
그리움도
두려움도
조용히 받아들일 수 있을 만큼
내일의 나는
오늘의 나보다
더 가볍고
더 너그럽기를 바랍니다.

한밤의 독백

낮엔
사색할 틈이 없어
시심은 멀고
마음만 바쁩니다.

밤엔
사색이 너무 많아
시는 오히려
숨을 죽입니다.

고요한 순간마다
아름다운 풍경마다
그대를 그리고
그리움이 습관이 됩니다.

말로 전하기 어려운 마음은
쓸쓸함으로
가슴을 지나갑니다.

이 마음길,

그대로 옮기고 싶은데
끝내 적절한 말을
찾지 못합니다.

이 밤~
말 없는 단어들로
시 아닌 시를
그대에게 보냅니다.

제2장

기억 속에 핀 그리움 한 송이

칠월의 한가운데

사람 하나,
기억 속에 머문다는 건
한 시절
지극히 사랑했기 때문입니다.

사무치게,
끝까지,
진심으로 사랑했기에
잊지 못하는 것입니다.

그 사람을 떠올리면
계절이 어느 때이든
나는 언제나
칠월의 한가운데로
데려가집니다.

햇살처럼 뜨겁고,
그늘처럼 짙었던
그 시간 속으로.
그는,

세월이 흐를수록
잊혀지는 사람이 아니라
더 선명해지는 사람입니다.

내 마음이
단 한 번 선택한,
유일한 영원입니다.

이름 하나로 사는 날

그 이름을,
누가 입에 올릴까
괜히 움츠러들다가

또,
온 세상에 자랑하고 싶어
괜히 가슴 뛰는 날도 있습니다.

그 이름 하나.
아무도 모르는,
누구에게도 말할 수 없는
그 이름 하나만으로
내 세월을 데려간 사람.
그 이름이
슬픔의 문장이 되기도 하고,
그 이름이
하루를 견디는
숨결이 되기도 합니다.

그는,
여전히 살아 있는

그리움입니다.

좋은 풍경처럼,
가만히 바라보면
마음이 따뜻해지는 사람입니다.

영원을 믿게 한 사람

나는,
영원을 믿지 않았습니다.
영원은 허상이고,
사랑은 유한한 줄 알았습니다.

하지만
그 사람의 이름 앞에서
나는 처음,
영원을 꿈꾸게 되었습니다.

지워지지 않는 이름.
흩어지지 않는 마음.
계절이 몇 번이나 바뀌어도
그대 앞에만 서면
세상은 다시,
그 시절로 돌아갑니다.

그 사람은
지나간 사랑이 아니라
살아 있는 마음입니다.
가슴 안 깊이
늘 피어나는,
한 송이 영원의 이름입니다.

鶴이 되어

그대 어느 먼 곳에서 오셨는지
긴 세월의 만남인데도
결이 익숙하여 이끌렸나요
松林과 초원 위 고결한 자태
창공을 나는 꿈은 설렘입니다
그대 머잖아 떠날 것을 알기에
고요와 침묵으로 바라봅니다.
내일의 길도 모르는 우리
영원한 동행을 말할 수 없기에
세월 한 자락 살뜰히 엮어봅니다.

내 안의 마지막 풍경

이름은,
부르지 않아도
가슴 안에서 살아납니다.

그대는,
시간이 지나도
잊히지 않는 사람입니다.

언제든
마음이 흐를 때면
나는 그쪽으로
천천히 향합니다.

내 마지막 풍경에도
그대가 있었으면 좋겠습니다.
사라지는 것이 아니라,
남아 있는 사람이기를.
기억이 아니라,
존재로서 함께이기를.
나는 오늘도

그 이름을 품고
살아갑니다.

조용히,
천천히,
그러나 분명하게—

그대는
내 마음의
영원한 이름입니다.

사월의 숲

수줍게 피어나는 연둣빛 물결
불어오는 바람결도 초록빛이야
반듯한 발걸음이 느려지는 건
수런수런 봄이야기 때문일 거야

멀고 먼 그 어느 순결한 날에
누군가 뿌려놓은 사랑 이야기
푸르름 한가득 품에 안고서
사월의 봄빛으로 찾아오나봐

이꽃 저꽃 향기를 찾아다니며
꽃잎마다 떨구고 지나간다면
얄궂게 불어오는 봄바람이야
의미를 두지 말고 보내야겠지

초목이 아름다운 사월의 숲
솔바람 불어오는 오솔길 따라
넉넉한 걸음으로 거닐다 보면
전설 속 옛이야기 들려오겠지

삼월의 눈(雪)

아무런 생각 없이
아무런 바램 없이
공원에 올라가서
벚꽃길을 걷는데

봄눈이 내리네
함박눈이라네
우산 접어들고
훨~훨 즐거워라~

흰눈이 꽃잎인지
꽃잎이 흰눈인지
꽃비눈비 날리는
황홀한 밤이어라

그와 나의 그림자
나란한 걸음걸이
함께라면 어떨까
그려보는 이 느낌

한밤의 꽃길

이 밤
어디쯤 멈출 수 있을까!
언제쯤 잠들 수 있을까!

꽃바람 불어오니
하얀 꽃송이 너울대는 꽃터널
가고 오다 오다 가고
취기 어린 듯 느린 발걸음
화~르~ 르~
화~르~르~르~~
꽃잎 떨어져
꽃비 내리면
高麗적 소녀가 되어
연분홍 치마를 입은 양
빙~르~르~
빙~그~르~르~
맴도는 마음

천만 꽃송이 춤을 추니
순수와 청춘이 돌아와

나를 부르는데…
이 밤
여기쯤 멈추면 될까!
삼경이면 잠들 수 있을까!

수선화에게

태생이 순수한 그대는
심지 깊은 깨끗한 뿌리
깊이 깊이 감추고 살았지
누가 볼까 부끄러웠나!
맑은 물가 고결한 자태
늘 신비롭고 아름다웠어
그대 미소는 내 안의 행복
우린 서로의 풍경이면서
너무나 깊은 사랑이었어
이별은 끝 모를 그리움
봄마다 꽃으로 찾아와
고운 미소로 위로하는
그대 내 사랑 수선화여!

봄 속에 내가 있어요

겨우내 움츠렸던 빈 들판에
한순간 봄빛이 달려오듯이
그대 가까운 봄길에 내가 있어요.

머나먼 길 떠나온, 내 영혼 길
차마 그리워 다시 돌아와
그대의 꽃으로 피어납니다.
첫 모습 첫 마음의 동백이 되고
눈서리 견디며 매화로 피었지요.

어디에도 없는 듯 보이지 않지만
그리운 옛 길마다 내가 있어요
아름다운 풍경에 우리가 있어요.
못다 한 사랑에는 함께 아픕니다.
그리움을 대신하여 피는 꽃처럼
나는 그대의 영원한 봄날입니다.

인생

생사 별리가 잦다는 것은
살아 온 날이 그만큼 길다는 말이고
추억이 자꾸 아쉽다는 것은
살아갈 날이 그만큼 짧다는 말입니다.

인정을 나누고 싶다는 것은
그만큼 외롭고 고단했다는 증거이며
부끄러운 사연이 많다는 것은
그만큼 절제하지 못했다는 사실입니다.

그리운 인연이 있다는 것은
아직도 최상의 사랑을 못 한 까닭이요
그만 지워야 할 이름이 있다는 것은
단절의 시간이 이르렀다는 결론입니다.

자신을 잣대로 진단하는 것은
남은 시간을 곱게 살고 싶은 다짐이며
인연의 둘레를 다듬어 보는 까닭은
이 세상 아름다운 여정을 위함입니다.

멋진男

오르고 오르고 또 올라
제일 높은 곳에 우뚝 선
유일한 山입니다.
꽃과 나무로 숲을 이루어
화려하게 푸르고 울창한
황홀한 품입니다.
넓고 긴 동굴을 예비해
비바람을 피할 수 있는
비밀의 보금자리입니다.
한겨울 추위 비바람에
거친 호흡을 삼켜 재우는
늠름한 山脈입니다.

평범男

넓고 거센 바다
성난 파도에 어찌할 바 모르는
걱정의 해일
맑고 잔잔한 바다.
쪽빛 물속에 풍덩 빠지고 싶은
안온한 포용력
산뜻 시원한 바다
더위를 식혀주고 몰아내는
개운한 휴식처
멀리서 바라보면 멋진
깊이 들어가야 알 수 있는
복잡… 단순한 심연

서민男

흙 사이사이 세월이 쌓이고
돌과 자갈이 쌓이고
그 사이사이 사연이 쌓이고
세상사로 굳게 다져진 퇴적암
칠흑 암연에 웅크린 채
부글부글 일그러진 심장
터지고 분출하여 흘러내리다
식어버린 채 반짝이는 검은 화성암
눈보라에 얼다 깎이다
갈라지고 쪼개지다 부서지다
자갈되고 모래되다 녹아버리다
끝내 아름다운 줄무늬 변성암

어떤 사내男

날개깃 삼천리 대붕이라며
하룻밤 구만리를 나는가
높은 산맥 대양을 돌아보자는
거대한 포부는 제 마음이지
거침없이 휘날리는 날갯짓에
수직 하강 내리꽂는 보라매요
수직 비상 솟구치는 독수리라~
상상 속에 제 모습 기막히겠지
세상 보는 눈은 그냥 수탉이네
벼슬 붉으니 장닭은 장닭이지
분위기 따르며 눈알 대롱대롱
터진 목청 돋우는 게 가관일세!

돌아가는 길

돌아가는 길은
바로 가는 길보다 조용합니다.
똑같은 길인데
풍경이 다르게 보이고
바람도 말을 건네옵니다.
나는 어쩌면
평생을 돌아가는 길 위에 있었는지도 모릅니다.

잠시 멈춰 있던 곳도,
기대던 사람도,
결국 나를 어디론가 다시 보내는 역할이었습니다.
길 위에서 비로소 알았습니다.
세상은 머무는 곳이 아니라
돌아가는 법을 배우는 곳이라는 걸.

제3장
바람이 지나간 자리

마음의 고향

사람마다
고향이 있습니다.
태어난 곳이 아니라
마음이 쉴 수 있는 자리,
내 이름을 부르지 않아도
내 존재를 기억해주는 곳.

그곳은
누군가의 품일 수도 있고
어릴 적 마당일 수도 있으며
혹은 나 자신을 용서하는 어느 날일 수도 있습니다.
나는 그 고향을
한참을 돌아와
지금 이 나이에야
조금 알게 되었습니다.

내 고향은
나 자신을 받아들이는
내면의 조용한 방이었습니다.

황혼길

책의 마지막 장을 넘기듯
인생도
조용히 덮는 순간이 오겠지요
남은 말은 적고
떠날 짐도 가볍게 해야지요

그때
무엇이 가장 먼저 떠오를까요
누가 내 곁에 가장 오래 남아 있을까요

고향 친구

친구 이야기를 들으면
내 이야기로 들립니다.

내가 아팠던 시절을 말하자
친구가 고개를 끄덕입니다
내가 쓰러졌던 옛이야기에
친구의 그림자가 있습니다

그렇게
친구는 내가 말하기도 전에
할 말을 알고 있습니다

누구도 알 수 없는
저마다의 사연이라 했지만

친구의 발자국을 따라가다 보면
내가 지나온 길도 보입니다

눈 내리던 날도
햇살 부서지던 날도

우리는 같은 하늘 아래
같은 길을 살았습니다

서로 이야기를 들으며
서로 위로를 받습니다.
내 이야기를 꺼내고
네가 웃고 있습니다

우리는 서로의 마음을
조용히 다독이는 거울
그렇게 살아왔고
그렇게 살아갈 것입니다
아무 말 없이도
서로를 안아주는
내 친구 근영이입니다.

마음의 숙소

친구는
아무 때나 오고 갈 수 있는
존재의 숙소입니다
말없이 앉아 있어도
허전하지 않은 벗
밤길을 걷다가
잠시 쉬어가는 등불 같은 이름
친구가 있어
인생이 덜 외로웠습니다

고향이라는 풍경

고향은
돌아가는 곳이 아니라
속으로 스며드는 풍경입니다.
울음이 묻힌 흙
웃음이 엉킨 바람
자라는 시간의 냄새

친구의 얼굴은
고향을 닮았습니다

허무의 정리

모든 것은 지나가고
비워지기 마련입니다.
시간도, 사랑도, 아픔도
차례로 정리되더이다
허무라는 말은
슬픔이 아니라
마친다는 의미랍니다.
그 마지막 장면에
친구가 있고
고향이 있고
내가 있었으면 좋겠습니다

거울 앞에서

한때는 누군가의 눈빛에 나를 비췄고,
누군가의 말 한마디에 하루의 온도가 바뀝니다.
내 마음이지만
늘 타인의 그림자에 흔들립니다.

그러다 문득,
거울 앞에 선 내 얼굴을 오래 바라봅니다.
주름도, 흔적도, 웃는 입매도
모두 내 것. 내가 아닙니까!

타인의 시선 속에서
길을 찾으려 했던 시간들을 돌아보며
나는 조용히 말합니다.

이제는 내가
나를 먼저 알아봐야겠다고.
늦지 않았다고.

마지막 귀향

나는 긴 시간,
무언가를 찾아 떠났고
무언가를 잃으며 살아왔습니다.

많은 이름을 불렀고
많은 손을 잡았다 놓았습니다.
어떤 인연은 깊게 남았고
어떤 만남은 스쳐갔습니다.

그러다 어느 날
무엇 하나 가지지 않아도
괜찮다는 마음이 들었습니다.

돌아가는 것도,
놓아주는 것도,
이해하지 못한 채 살아가는 일도
모두 괜찮다고.
그때 나는
처음으로
제자리 같은 감정을 느끼고 있습니다.
바로 그 자리가

내가 돌아갈 고향입니다.

나는 지금,
그런 줄 알고
살고 있습니다.

나라는 풍경

나를 들여다보는 일이
이토록 두렵고 조심스러울 줄은 몰랐습니다.

나는 나를 가장 잘 아는 사람인 줄 알았지만
때론 가장 무심했던 사람,
가장 모른 척했던 사람도 나입니다.

흐려진 감정, 억눌린 말들,
사랑받고 싶었던 어린 마음까지
내 안에는 참 많은 풍경이 숨어 있습니다.

그 모든 장면을
도려내지 않고, 미워하지 않고,
그대로 바라보는 연습을 하렵니다.
이렇게 나는
나에게 조금씩
돌아오는 노력을 하고 있습니다.

말하지 못한 마음

그대에게 해주지 못한 말들이 있습니다.
아프다고, 외롭다고, 그립다고.
차마 꺼내지 못해 마음속에만 접어둔 말들이
지금도 내 안에서 바스락거립니다.

그땐 왜 그리 조심스러웠을까.
말하면 멀어질까 봐,
내 마음이 너무 무거울까 봐,
스스로를 꾹꾹 눌렀습니다.

하지만 말하지 않은 마음은
끝내 닿지 않더군요
진심이든 뭐든
표현되지 않으면,
그저 아무것도 아닌 게 되더군요
진심을 전하지 못했다는 사실이
많은 날을 아프게 했습니다.

이젠 알겠습니다

모든 것이 다 내 뜻대로 되지 않아도
세상은 돌아가고
삶은 흐른다는 걸.

상처는 아물고
기억은 바래지고
사랑은 결국, 나를 키운 이름이 되기도 한다는 걸.

많은 걸 이해하지 못한 채
그냥 지나온 날들이 많았지만
그래도
그런 줄 알고 살았기에
무너지지 않고
여기까지 올 수 있었습니다.
그리고 지금 나는
이 삶을, 나를, 하루하루를
있는 그대로
받아들이는 연습을 하고 있습니다.

이 말은

체념이 아니라 다짐입니다.

나는 오늘도,
그런 줄 알고
살아가고 있습니다.

그래도 좋았던 시간

돌이켜보면
그때 그 마음이 있었기에
나는 하루하루를 무너지지 않고 살아냈습니다.

그리움은 나를 다치게도 했지만
또 견디게도 했습니다.

그대가 알든 모르든
내 삶에 스쳐 지나간 그 시간이
내게는 참 소중했습니다.

상처마저도 선물이었고
눈물이었으나 빛이었습니다.
그 시절의 나를 내가 안아주고 싶습니다.
모든 게 서툴고
조금은 바보 같았지만
그때 그 순간은 다 진심이었습니다.

지금 나는,

지금 나는
그대 이름을 들어도
떨리지 않는 사람이 되어갑니다.

기다림 앞에서도
조금은 덜 애달프고
이별 앞에서도
조금은 덜 무너지는 사람이 되어갑니다.
삶이란 게
결국 이런 거더라.
기억은 남고, 감정은 흐르고,
사람은 그렇게
덜 아픈 사람이 되는가 봅니다.

그대의 웃음 하나에
많은 것을 걸던 내가
지금은 그 미소가
고마운 추억으로 자리잡았습니다.

이제 나는
그런 줄 알고
살아갑니다.

이제는 나를 위해

견디고,
견디고,
또 견디는 것도
끝이 있습니다.

참고,
참고,
또 참는 것도
한계가 있답니다.

너무너무
힘들면—
그만해도 괜찮습니다.
참는다고
다 나아지는 건 아니니까요.
버틴다고
모든 게 풀리는 것도 아니니까요.

그리움도,
삶도,
가끔은

놓아도 괜찮습니다.
너무 참지 마세요.
너무 안으로만
삼키지 마세요.

말하지 않아
더 아픈 마음,
웃는 얼굴 뒤의
떨리는 숨결—
이제는
나 자신이 알아줘야 합니다.
그만하고,
멈추고,
천천히 돌아보세요.
나를요.

사람들 말보다,
시간의 흐름보다
이제는 내 마음이 먼저입니다.
남은 세월은
누구를 위한 것이 아니라,

나를 위한 시간이어야 합니다.

억지로 웃지 말고,
억지로 버티지 말고,
오늘부터
조금씩
나를 살려주세요.

이제는
나를 위해 살아야 합니다.
이제는
나를 위해 웃어야 합니다.

제4장

지나고서야 알았다

그리움이라는 것

사랑은 고백보다 기다림이라 하겠습니다.
나에게 사랑은 말보다 마음을 쥐고 있는 일입니다.
그대를 부르고 싶다가도
내 마음이 부담될까 싶어
그저 기다리는 날이 많았습니다.

그대가 웃으면
나는 그 웃음 끝에
내 이름 하나쯤 매달려 있을까 싶어
애써 더 바라보았습니다.

하루가 가고,
다음 날도 그랬다.
별일 없이 지나가는 시간 속에서
나는 절실함 하나로 버텼습니다.
그리움이라는 건
한 사람에게만 무거운 짐이 될 수 있다는 걸
그땐 몰랐습니다.

사소한 웃음 하나

나는 나만큼의 무게로 그대를 품었고
그대는 그대만큼의 가벼움으로 나를 지나갔습니다.

그대가 웃던 날,
나는 울었습니다.
그 웃음이 나 때문은 아니었기에
더 아팠습니다.

그리움이 누군가에겐
그냥 흘러가는 바람이 될 수도 있다는 걸
이해하는 데
한 계절, 두 계절, 몇 해가 필요했습니다.
지금 생각해 보면
그 웃음이 미워서가 아니라
그 웃음 속에 내가 없다는 사실이
참 슬펐던 것 같습니다.

그럴 수 있다는 걸
사람 마음은 다 같지 않다는 걸
이제는 조금 알겠습니다.

인연이란 게 다 그러려니
그런 줄 알고
살았습니다.

기억은 거기 그대로

지나간 일은 다 지나간 줄 알았지만
어느 날 문득
버스 창 너머, 낯선 거리에서
누군가의 웃음을 닮은 얼굴을 보면
가슴 한 자락이 서늘합니다.

그때 그 마음은
어디로 갔을까.
정말 사라졌을까.

기억은
묻는다고 대답해 주진 않지만
불쑥,
한숨처럼 튀어나와
나를 잠시 멈춰 세웁니다.
이제는 애써 웃지요
그때의 나를.
그때의 그대를.
그때의 날씨와 그 마음까지도.

그리움은 끝났지만
그 마음이 스쳐 간 자리는
아직도 내 안에
조용히 살아 있습니다.

그 자리를
이름 없이 불러보며
오늘도
그런 줄 알고
살아갑니다.

자아

나의 절실했던 그리움이
그대의 사소한 웃음이 되고 마는
그럴 수 있다는 걸
이해하는 데 평생 걸리더군요

그래도 그 마음,
놓지 못한 내가 있었음을
지금에서야 말할 수 있네요.

화답

그대가
한 마음 내어 다가오신다는 건,
짐짓 호기심이며 참으로 설레는 일입니다.
지난 세월의 흐름을 보완하고자
새로운 물길을 열어보자는 뜻이지요.

내가
한 마음 내어 다가간다는 건,
참 신선하고도 놀라운 일입니다.
남은 아쉬운 세월이 안타까워
새로운 물결로 이어가고자 함입니다.

우리는
서로에게 유장한 물길이 되어
너그러이 흘러갈 것입니다.
훗날 되돌아보아도 흐뭇할,
이해의 선물 같은 격조를 나누자는 이야기입니다.

죽음

그대의 침묵은 내게
한 편의 시처럼 내려앉고
가벼운 인사처럼 사라졌습니다.

남겨진 나는
고요 속에 말을 잃고
죽음을, 살아내고 있습니다.

가족

삶은 언제나
가장 가까운 곳에서 울고 있더군요.

엄마의 조용한 한숨,
아버지의 무거운 손등,

서로를 닮은 얼굴로
우리 가족은 묵묵히
하루를 넘어섭니다.

사랑이란 이름조차
말하지 않아도 아는,
그런 집이 있었지요.

아버지

충남 보령군 주포면 주교리 게리 산 94-2번지
사남사녀의 우리 아버지

선비 같은 아버지

아버지는 말없이
늘 똑같은 시간에
똑같은 표정으로
새벽마다 논밭으로 나가십니다

남의 눈을 피하지 않았고
자기 욕심도 없으십니다

입고 싶은 것도
먹고 싶은 것도 없으신 모양입니다.

그저
부모님 봉양하고
형제들 품어 안고
자식들 먹이느라
늘 허리를 굽히며 사십니다

일생, 일만 하신
아버지는 일꾼이십니다
아버지의 손

아버지의 등
아버지의 무릎에는
마른 흙과 피로와
묵은 고통이 말없이 앉아 있습니다

단 한 번도
아픈 적이 없습니다.
불평도 없으셨습니다.
이 세상 떠나실 때도
자식들 얼굴 못 보고 홀로 떠나셨습니다.

내가 그 나이가 들어
아버지의 나이가 되고 보니
아버지의
그 침묵이
참을 수 없이 아픕니다
그저 참은 것
그저 말하지 못한 것입니다
아버지 고단한 침묵
입은 굳게 다물고
속은 얼마나 울었을까
나는 이제서
그것을 알겠습니다.
그래서 내 마음을 조금은

돌보려 합니다

언젠가
내 자식이
내 이름을 부를 때
그 목소리가
울음이 되지 않기를 바랍니다

나는 말없이 견디다
지나가지 않기를
내 안의 나를 다독입니다
아프면 아프다고 하겠습니다.
힘들면 힘들다고 하겠습니다.
먹고 싶은 것도 어느 정도 먹고요
입고 싶은 것도 입어 보고요
헤프자는 게 아닙니다.

내리사랑이
슬픔이 되지 않도록
나는 내 삶을
조금씩 다독이며 돌보려고 합니다.
남은 세월 그렇게 살아가려 합니다.

못다 핀 이름 - 선희 언니에게

언니가 떠나던 날
아주 떠나던 그날도
사실 나는 조금만 더 괜찮아지기를
기다렸어, 언니

언니를 보러 갔지.
너무 늦지 않기를 바랐지만
시간이 기다려 주지 않았어

하얀 병상 위
마지막 숨결에도
내 이름을 부르던 그 입술
내가 거기에 없었지
내가 너무 늦어버렸지

언니,
그날 이후 나는
하루에도 몇 번씩 돌아가
그날을 다시 살아

"금방 갈게, 언니"

그 말만 백 번도 넘게 삼켰어
그래도 닿지 않더라

머리 좀 감겨 달라 했는데…
그 마지막을 못 해줘서
못다 본 얼굴
못다 건넨 손
못다 한 미안함

이 모든 게
내 가슴에 가시로 자라나
아무 때나 찌르고 있어.

언니, 지금이라도
꿈에서라도
한 번만,
내 이름 불러줘

이번엔
내가 먼저 대답할게
"언니, 나 왔어."

큰언니

팔 남매 집 큰딸로
아침이 오기 전부터
어깨너머로 배운 살림
딸이 아닌 어머니 세월로 살았습니다.
그러면 되었지
인연도 운명일까
칠 남매 집 큰며느리가 되었습니다.
손등이 물기 마를 날 없이
며느리인지 일꾼인지 모를 세월
차마 흘리지 못한 눈물
조용히 삼킨 채 등이 굽었습니다.

사랑의 힘도 잠시
마흔셋에 혼자됩니다.
삼 남매 눈빛을 두고 법 없이도 산다던 형부
어찌 떠나셨습니까!
언니 홀로
막막한 세월 홀로 견디란 말입니까!
산 사람은 산다고
사는 게 사는 게 아니란 말도 있어요
어언 서른하고도 몇 해
잠든 마음을 깨워가며 아이들을 지키며

오늘에 이르렀습니다.
세월의 무게가 몸으로 쌓이는지
많이 아픕니다.

정직한 삶으로 키운 아이들
하나같이 곧게 자라 세상 앞에 당당히 섰습니다.
자그마한 체구지만 곧은 정신
자애로운 품 안에 기대어 쉬고 자란
막냇동생이라는 이름
이제 철이 드나 봅니다.
미안하고 고마워요.
큰언니는
세상에서 가장 고운 사람입니다.
가장 곧은 사람입니다.
가장 고단한 세월을 견딘 사람입니다.
정직의 옷만 입고 살았습니다.

어릴 적 업어주던
언니의 허리 언니의 머리 위로
햇살이 넘실거리던 기억
여전히 따뜻한 그리움인데
그리움도 사랑인데
사랑이라는 말을 못 했습니다.
큰언니
큰 나무 같은 사람
한결같은 언니의 인품을 사랑합니다.
언니의 삶은 인고의 시였습니다.

1980년 김순경

바람이 거셌던 그 해,
당신은 제복 하나에 마음을 묶고
누구보다 조용히
시대의 골목을 지켰지요.
굳은 얼굴 뒤,
이해받지 못할 불안과
말없이 삼킨 질문들이
당신을 얼마나 흔들었을까요.
그럼에도,
도망치지 않고
사람을 향한 눈빛을 놓지 않은 그 용기—
그것이 진짜 정의였음을
나는 이제야 압니다.

당신의 하루는
국가가 아닌 사람을 위한 것이었고
명령이 아닌 양심으로 채워졌으며,
무력함 속에서도 온기 하나는
끝내 지키려 했던 마음이었지요.
지금, 누군가의 기억 한편에
조용히 남아 있을 그 이름
"김 순경"–"김 경감"

당신은 누구보다
의로운 사람입니다.
수고 많으셨습니다.

당신은
장남으로 태어나
집안의 첫 기쁨이었으나
어머니를 일찍 여의고
낯선 품에 자라는 동안
차마 말 못 할 서러움이 얼마였나요.
맏이라는 이유로
많은 형제 돌보며
넉넉지 않은 마음
무심한 말들에 상처는 그 얼마였나요

나는 알지요
당신의 답답한 속마음
말없이 끌어안은 날들
고개 숙인 당신을
토닥이지 못했던 지난날
지금 생각하니 한없이 미안합니다.
그래도 고마운 건
우리 둘이 이룬
반듯한 아들 명수입니다
참으로 선하게
세상을 향해 웃으며
곧게 자랐습니다.

쉬운 삶은 아니었고
부유한 날도 없었지만
이제야 손에 잡히는 것들
당신의 주름 속에
가득한 인내의 결실
우리는 늦게 웃네요
이제는 당신을
그동안 가족 위해
자신은 뒤로 미룬 채
숨 고를 새도 없었습니다.
이제는 제발 당신을
먼저 아껴주어요

칠순의 문턱입니다.
그저 한 계절 더 건너
우리 함께 걸어가는 길
당신 손 잡은 지금
처음보다 더 깊은
연민과 사랑이 있어요
당신이라는 사람
경찰, 가장, 장남으로
수많은 이름 앞에서도
내게는 세상에서
가장 단단한 '남편'
한 사람, 김영환입니다

어느 날, 나지막한 등불처럼 떠오른

오라버니의 삶을 따라 쓰인 기록입니다
화려한 시절을 지나, 누구에게도 드러내지 않는
고요 속에서
하루하루를 살아내는 그 모습은 마치
초목 같았습니다.
말없이 견디고, 말없이 피어나고,
제자리를 떠나지 않고 사는 존재의 강인함.
우리 모두가 결국 닮아가야 할 모습이 아닐까요.
이 시들은 단지 한 사람을 위한 글이 아닙니다
이제 어른이 되어
내 삶을 되돌아보며
내 가족을 돌아보며
세상을 살아가는 우리 모두를 위한
조용한 노래로 부르고 싶습니다.

오빠의 봄날

무엇이든 할 수 있었던 시절
책을 읽고, 뜻을 세우며
세상의 중심이 되고자 했습니다
문학의 길,
정치의 길
오빠는 모든 길 위에 서 있었습니다
사람들은 오빠를
빛나는 별이라 불렀습니다
그러나 별은
자신이 비추는 것을
보지 못한다는 것도
오빠는 몰랐습니다

청운의 꿈

하루에도 몇 번씩
결정을 내려야 했고
뒤따르는 책임을
짊어져야 했습니다
공직의 무게,
정치의 바람결,
사업의 손익표 사이에서
오빠는 꿋꿋한 듯 흔들리면서
무너지지 않으려
몸을 낮췄습니다
그 무게는 늘
오빠의 말보다
한 걸음 앞서 걸었습니다.

화려한 시간은 가고

박수는 점점 줄어들고
이름 석 자의 무게도 가벼워졌습니다
누군가 말없이
전화를 끊고
누군가는
모른 체 하고 지나갑니다
오빠는 그저 웃었습니다
세상일이 다 그런 것 아니냐며
그러나 아무도 몰랐다
그 웃음 뒤에
몇 겹의 무너진 마음이
쌓여 있었는지
작은 가게, 큰 시간
편의점 문을 열며
오빠의 하루가 시작됩니다
물건을 채우고
기계를 만지고,
낯선 이의 짧은 인사에
고개를 끄덕입니다
화려했던 과거를
진열대 맨 아래 깊숙이 넣고

오늘은
정말 오늘만으로
충분하다며
스스로를 다독입니다

이제는 익숙합니다.
새벽의 무게,
한낮의 고요,
저녁의 적막
가끔 들르는 말벗도 없이
스스로를 말벗 삼아
살고 있습니다
草木처럼 태연자약입니다
초목은 말이 없습니다
그냥 그 자리에 뿌리를 내립니다
비가 와도
바람이 불어도
이끼가 끼어도
草木처럼 살아갑니다
가만히, 조용히,
뿌리내리며 살아가는 것입니다
누구 하나 알아주지 않아도
그 자리를 지키는 삶
누구보다
높고 푸르렀던 청운의 삶
뒤안길을 살아가고 있습니다.

105

귀향

어느 날 문득
기억이 걸어옵니다.

익숙한 흙냄새,
굽이진 골목,
노을에 젖은 골목.

그곳엔 아직도
누군가 나를 기다리는 듯
아련히 빛나는 고향.

돌아간다는 건,
잊지 못한 마음 하나를
살며시 다시 꺼내보는 일입니다.

잊고 싶은 시간, 남은 인연

사람들은 말하죠.
흘러간 시간은
모두 그립다고.

하지만 아닙니다.

그냥,
잊고 싶은 시간이 있고
다시 돌아가고 싶은
아쉬움도 있습니다.
마음 한쪽엔
그리운 풍경이 남아 있고,
끝내 맺지 못한 인연이
바람처럼 흔들립니다.

꽃을 꿈꾸던 나무

꽃으로 태어났지만,
이식이 잘못되었어요.
나는, 나무가 되었죠.

그러려니…
체념 속에 한 번쯤,
꽃을 달고 싶던 그 꿈도
기억 저 멀리,
지워졌습니다.

지금은
뿌리 튼튼한 나무가 되어,
제법 그늘을 만들며
살아갑니다.

날마다 같은 일상—
어느 땐 다행이고,
어느 땐 답답해서,
그저, 암울할 때도 있지요.

그럭저럭
해 저물 녘,
내 마음도 자리에 앉습니다.
그리고,
조용히 들여다봅니다.
내 안의 자의식과
주변의 인연을…

다시 피는 길

길을 걷다,
내 그림자를 보았습니다.
무거웠던 어제가
지금의 나를 만들었더군요.

흔들리고
넘어졌던 자리마다
나는 조금씩
단단해졌습니다.

뿌리를 붙잡고
그게 전부인 줄 알았는데,
조용히 귀 기울이니
내 안에도
계절이 흐르고 있었어요.
그 계절 끝,
언젠가 피어날 꽃을 위해
그 자리를 비워두기로 했습니다.

감당할 그리움과
새로 맞을 인연을 위해서.

삶은 여전히 낯설고
길은 분명치 않지만,
이제는 압니다.

진심을 다하면
그 길이,
나의 길이 된다는 것을.

이 마음의 길 위에서—
나는 다시,
걸을 것입니다.

비록 꽃은 아니어도,
내 그늘 아래
누군가 웃을 수 있다면—

그것으로,
참, 다행입니다.

돌아보면,

삶은 시작점에
나를 가둔 숙명 같고—
그 틀 안에서
부딪히며 살아왔습니다.
하지만,
실망이 충분해질 때,
뜻밖의 길목에서
필연을 만난다고 하더군요.

그러니,
남루하지 않은 진심을 위해
나는, 성실하려 합니다.

제5장

오늘에 이르기까지

말하지 못한 사랑

그대가
나를 사랑한다고 하였습니다.

그 말이
고맙게 들리는 날도 있었고,
고요한 밤,
가슴이 조용히 덜컥이는 날도 있었습니다.

어떤 때는
왜 사랑한다는 걸까,
무엇을 보고,
어디를 보고
좋아한다는 걸까,
궁금해지기도 했습니다.
하지만
나는
한 번도 묻지 않았습니다.

그대가
진심을 몰라준다며

상처 입을까 봐,
사랑이 토라질까 봐,
나는 늘
말끝을 접었습니다.
나는
담담하고,
맑은 사랑을 원합니다.
바람처럼,
구름처럼,
가깝지만 닿지 않는
그런 사랑을 꿈꿉니다.
그대는
너무 급히 다가오고,
너무 격정으로 나를 덮습니다.
나는 종종 당황스럽습니다.
그대의 뜨거움이
내 마음을 어지럽히기 때문입니다.
멀지도 않고,
가깝지도 않은,
그저 알맞은 거리에서
마음으로 서로를
사모하는 사이

나는 그런 사랑을 믿습니다.

그대는,
이런 내 생각을
그대는 어떻게 생각하십니까?

말하지 못해도
사랑은 사랑이고,
머뭇거려도
마음은 향하고 있습니다.

묘한 사람

지워낼수록 선명했고
멀어질수록 가까워지는
잊으려 한 기억은
눈물로 다시 떠올랐고
태연한 척 웃는 나는
바보 같았습니다.
잊었다고 말하면서
기억을 반복하게 하는
묘한 사람입니다.

비로소
어떤 사랑은
잊는 것이 아니라
품고 사는 것임을
기억을 꺼내는 날보다
조용히 넣어두는 날이 많아졌을 때
사랑은
말없이 살아있었다는 걸
그렇게 나는
그대를 놓지 않고
내 안에 넣어두기로 했습니다.

잊었습니다

잊었다고 말하면서
나는 그대의 계절을 걷고 있습니다
꽃이 피고, 꽃이 져도
어느 한 자락엔 늘
그대의 그림자가 어른거립니다
그건 습관이었을까요
사랑이었을까요
나는 아직도 모르겠습니다.

머리를 넘기던 버릇
웃을 때 목덜미가 붉어지던 얼굴
손잡고 건너던 다리
그대의 아무렇지도 않던 말
다 잊었다고 생각했는데
하나씩, 자꾸만 떠오릅니다
시간이 지워준다더니
기억은 더 또렷해지고
그리움은 더 조용히 깊어 가는 모양입니다
지워진 게 아니라
잠들어 있었나 봅니다
그대가 떠난 후

내가 가장 많이 쓴 단어는
괜찮다는 말이었고
가장 많이 지운 단어는
그립다는 말입니다
잊었다고 말하면서
나는 마음속 편지를
하루에도 몇 번씩
접었다 폈다 하는 내가 처연했습니다.

모두 비슷했습니다

남보다 힘이 들고
남보다 더 외롭고
나만 항상 참는 줄 알았습니다.

남은 항상 웃는 얼굴,
남은 항상 편한 길을 걷는 줄만 알았습니다.

하지만요,
몰랐을 뿐 아니었죠.
다들 그렇게 사는 거죠.
다들 비슷했습니다.

웃음 뒤에 눈물이 있고
말 없는 밤 고요하게 상처를 묻고
각자의 길 외로움을 감추었죠.

고통에도 무게가 있고
행복에도 그림자가 깃듭니다.

결국, 다들 비슷했습니다.
내 안에도 바람이 불고

그들 안에도 그늘 있습니다.
총량은 늘 다르지 않죠.
결국, 다들 비슷했습니다

살면서

살면서 난,
받은 것 없이
할 일만 많다,
그렇게
말했습니다.

하루하루
버텨내며,
푸념처럼
흘렸지요.

하지만
지나 보니
그게 다는
아니었습니다.

조용하게
건네던 손,
말 없는 눈빛,
기다려 준
마음들이

있었습니다.

받은 것이
더 많았습니다.
고마움은
고비마다
피어났습니다.

그 보답,
다 하지 못하고
나는
이 길을
떠나려 합니다.

나를 품고
기억해 준
인연들에

미안합니다.
그리고
정말,
고맙습니다.

못다 이룬 꿈

좋은 길을 걷고 싶고
좋은 것을 주고 싶고
좋은 마음 나누고 싶었습니다.

그땐 그렇게 믿었습니다.
그게 바로 사랑이라 믿었습니다.

그러나 난 다 주지 못했고
끝내 나는 다 안지 못했고
결국 나는 다 놓아버렸습니다.

지금 와 생각해 보면
더 할 수 있던 날이 많았고
더 기다릴 수 있었는데도

나는 너무 서둘렀고
나는 너무 모자랐고
나는 너무 멀었습니다.

그래서 지금 되뇌입니다.
정말 다 해줄 수 없었을까.

정말 다 안아줄 수 없었을까.
정말 다 끝까지 갈 수 없었을까

순수의 시절

내 열여덟의 봄날,
맑은 시냇가에서 하얀 교복 자락을 스친 바람이
베르테르의 시와 함께 피어나던 봄.
수줍은 꽃봉오리처럼 내 마음을 흔들렸습니다.

그 시절,
세상은 참으로 맑고 푸르기만 했지요
그때 그대를 만났더라면
얼마나 좋았을까요,
얼마나 순결했을까요.

진달래, 개나리, 연분홍 꽃잎들이
지천에 피어 있던 시절.
걸음마다 향기가 피고
눈길마다 순수의 리듬이 깃들던 시간,
어디엔가 계실 듯한 그대를 그렸습니다.

고독

인생은
홀로 와서
홀로 가는 것.

사는 동안
둘이면 낫겠다,
여럿이면 덜하겠다
싶어
모여 살았지만

가끔은
말없이
스며드는 외로움.

그건
누구 탓도 아니고
피할 수도 없습니다.

아마도
타협하지 못하는 마음,
말 안 되는 자존심,

어쩌면
남겨둔 순결일지 모릅니다.

그래서
고독은 늘
내 안에 있고

그래서
고독은 늘
내 곁에 있습니다.

잃어버린 봄의 기억

서른쯤
봄날은 늘 무언가를 찾아 나서게 됩니다.
노란 꽃잎과 빨간 피멍이 함께 피던 날,
두려움 섞인 설렘 속
누군가의 손을 찾아 헤매던 내 발자국은
텅 빈 골목을 울리곤 했지요.

서러운 붉은 봄,
언 손을 잡아줄 이 없는 시간의 끝자락.
그때, 그대가 있었더라면.
그때, 그대가 와주었더라면.

나는 그 봄이 얼마나 행복했을까요.
그대의 손끝에서 다시 피어나
고운 봄꽃이 되었을 것입니다.

말 없는 사물들 앞에서

내 마흔의 봄은 무채색
하늘도, 나무도, 숲도,
푸른 잎새와 가느다란 잎맥까지도
사물처럼 우두커니 말이 없던 그날들.

날 선 이성, 철두철미한 마음뿐
세상은 차가웠고
내 안의 서러움은 깊어만 갔습니다.

하지만 그대가 왔다면
나는 담담히 말했을 것입니다.
이 봄은 나의 봄이라고,
내가 살아낸 날들이라고.
그래 그래. 수고했구나!
그대의 공감 하나면
나는 진심으로 다시 피어났을 테지요

다시 피어나는 편지

오십을 지나 다시 맞은 봄,
빛과 어둠을 계산하지 않고
모진 겨울을 덜어낸 나의 의지

이제 나는 알고 있습니다.
이룰 수 있는 것과
이룰 수 없는 것의 경계에서
내 마음의 봄날은
아직도 그대라는 것을

그대 소식을 들을 수 있다면,
그대의 이름을 되새길 수 있다면,
나는 내 마음의 편지를
그대에게 남김없이 전하렵니다.

말 없는 이 계절에
다시 꽃피는 그대를 기다리며,
나는 시가 되어 기다릴 테니까요.

늦은 확신

보시다시피,
아시다시피,
내 삶은 육십 줄에 접어들며
어느 것에도 흔들림 없습니다.

허공을 향하던 발걸음들이
방향을 찾은 건
그대가 들려준 음성입니다.

목표가 생기고,
희망이 자라고,
삶의 방향이 확고해진 이 순간,
내가 말할 수 있다면
내가 보낼 수 있다면
그건 다정한 목소리 하나.

내가 전하고 싶은 건
예전의 내 목소리입니다.

반나절 그리움

아침
햇살이 창문을 밀어내며
내 방 안으로 스며듭니다
그리움 하나
바닥에 조용히 피어납니다.

말도 없고
향도 없고
이름조차 잊혀진 그대
나는 눈 감고
그 꽃을 바라봅니다

낮
책장을 넘기다가
문득,
그대의 목소리가
활자서 튀어나옵니다

그리움은 늘 그렇게
예고 없이 도착하고

무심히 앉아 버립니다

오늘 하루만이라도
잊고 싶습니다

적어도
반나절만이라도….

오후
햇살은
방 안에서 기울고
그림자는
내 마음 위를 지나갑니다

아직 그리움은
자리를 뜨지 않네요

나는 한숨처럼
그대의 이름을 부릅니다

그리고 조용히
입을 다물지요.

저녁
꽃 한 송이 시들듯
그 마음도 시들었으면 좋겠습니다

아무 일도 없었던 듯
아무 말도 하지 않았던 듯

바람 한 줄기 불어와
그대를 데려가 준다면

나는 오늘
잠들기 전에
그대를 놓아줄 수 있을 것 같습니다

아픔의 흔적

나무의 몸엔
상처가 남아요

칼이 지나간 자리
바람이 지나간 자리
햇볕조차 꺼려진 자리

다 나은 듯 보여도
그곳엔 생긴 옹이
둥글고 단단한 고통의 이름

사람의 마음에도
그런 자리가 있습니다.

내 속

겉은
이미 매끈하게 아물었지만

그 속에서는
아직도 피가 돌고 있어요

말을 건네면
괜찮다고 말하겠지만
말하지 못한 말들이
속을 부풀게 만듭니다

보이지 않는 상처가
더 깊어요
더 오래 아픕니다.

고독과 그리움

살아 보니 갈수록
기쁨보다 쓸쓸한 이야기가 더 많습니다.
즐거움보다 외로움이 늘어납니다.
행복보다 적적할 때가 많습니다.
고독하고 그리운 마음이 생겨납니다.
그리운 마음길엔 그대가 떠오릅니다.
젊은 날의 열정은 아니지만
나도 모르게 어린애처럼 그리워집니다.
어느 좋은 풍경으로 들어가는…
저녁노을을 나란히 바라보는…
수많은 그림을 그리다 지우곤 합니다.
현실은 다가갈 수 없으니
고독과 그리움은 내 안에 없는 듯
가만히 견디고 있습니다.

침묵

아픈 마음은
쉽게 내놓지 않습니다

눈빛을 피하거나
입꼬리를 올리거나
아무 일 없던 척
바쁘게 하루를 넘기지요

사람은 나와 같이
자기만의 옹이를
하나쯤
품고 산다고 하겠습니다.

고요

이제는 알겠어요
상처는
아무는 것이 아니라
함께 살아가는 것이라는 걸

아무도 모르게
내 속에 생긴 단단한 매듭 하나

나는 오늘도
그 옹이 위에 기대어
잠시 앉아 있었습니다

그리고
묵묵히
하루를 지나왔습니다.
이렇게 살아갑니다.

미안합니다

한 송이 꽃처럼
그대 곁에 서 있고 싶었습니다
그대의 자랑이 되고 싶었습니다
많은 사람들 앞에서
조용히 피어난,
가장 단정한 모습으로
기억되기를 바랐습니다

수없이 생각합니다
말하지 않았지만
밤마다 마음속에서
되뇌입니다

그러지 못해
미안합니다
그대가 내게 보여준 따뜻함보다
내가 돌려준 마음이
언제나 부족했습니다
그래도,
그대 마음 한켠
내 흔적이 남아 있다면
그것만으로 감사하겠습니다.

마음의 모양

공부도
운동도
일도
돈을 버는 것도
다 내 이름을 위한 일입니다
자신의 세월을
가꾸는 일입니다

시간은
꽃처럼 피는 것이 아니라
하루하루
심는 것입니다
늦은 후회
뒤늦게 깨닫습니다

이 세월이
어디로 갔는지
왜 이렇게 허전한지
세월은
물처럼 흘러갑니다
다시 잡을 수 없습니다
되돌릴 수는 없음입니다

그런 줄 알고 살았습니다

남들은
꽃길만 걷는 줄
남들은
나보다 덜 아픈 줄
나만 참고 견딘 줄 알았습니다
나만 뒤처진 줄 알았습니다
그런 줄 알고 살았습니다
지나고 보니
모두가 아팠고
모두가 애썼고
모두가 울었습니다
말하지 않았을 뿐
숨기고 견뎠을 뿐입니다.

그래서
나도 괜찮게
그래도
잘 살아낸 것을
이제 알겠습니다.
사는 건
비슷한 무게의 날들을

조용히 건너는 일이라는 걸
나는 그런 줄 알고 살았고
이제는….

그런 줄 알고
조용히 웃으며 살아갑니다

내 이름을 지키는 하루

죽는 날까지
내 이름을 지키려 합니다
어떤 하루도
허투루 버리지 않고
어떤 일도
가볍게 넘기지 않고
조금 느리더라도
내가 나로 남기 위하여
조금 아프더라도
아름답게 살아가고
이름답게 죽겠노라는 마음으로
나는 오늘도
조용히
내 세월을 심고 있습니다

제6장

내일을 위한 다짐

세월은 누구에게나

누구나
자기 세월을 안고 살아갑니다
어떤 사람은
꿈을 품고 세월을 기르고
어떤 한 사람은
아무 말 없이 흘려보냅니다

같은 해를 살았지만
다른 시간이 쌓이고
마지막엔
아주 다른 이름 남아 있습니다.

교육은 인생을 길러내고

먼저 태어나
선생이란 이름을 달고
한평생을 살았습니다.
무심코 던진 한마디 한마디가
싹이 되고 잎이 되어 자라고
공들여 지켜 온 날들이 더하여
훌륭히 자라는 신비로움
교육의 보람입니다.
지식을 전하고
재주를 길러 주고
인생을 길러 주는 것
인생의 대 농사는 교육이라
결실이 결실되어 전해지는
나의 보람이 여기에 있습니다.

흔적

힘들게 살았지만
흔적은 깨끗하면 좋겠습니다.
내가 머물던 자리
내가 살아온 이야기가

나에 다정한 벗
나의 혈육
나의 제자들
한평생 오고 가는 동안 만났던 지인들
모두의 기억에 단정한 이름으로 남기를…

그리하여
틈만 나면 정리를 합니다.
집안 살림을 정리하고
오래된 먼지를 닦아냅니다.
묶은 마음길도 닦아냅니다.

영혼의 방랑을 접고

내 길을 살아오면서
흔들리는 고독이라 할까
끝없이 배회하는 흔들림이라 할까
무아의 경지에 들고 싶어
무던히 방황했던 번민의 밤
생존과 사랑과 인생에 대하여
끝없이 묻고 답하며
이탈을 막을 수 있었던 것은
오로지
선량한 당신 덕분입니다.
맑은 내 아들의 눈빛입니다.

그럼에도 살아갑니다

마음속에 비가 내려도
젖지 않은 척
세상 속을 걸었습니다.
마음이 먼저 부서지고
몸이 나중에 따른다는 걸
살아 보니 알겠습니다.
그럼에도
매일 해가 뜨면
문을 열고 변함없이 살아갑니다.
사는 게 기적이라면
나는
조용히 기적을 반복하고 있는 것입니다.

아직 남아 있는 날들

뜻밖의 이야기
아무리 감당하기 어려운 시연도
오늘이 마지막은 아니니까
나는 바라보는 가족이 있고
지금까지 살아온 기적의 기록이 있으니
다시 두 팔을 걷어붙이고 일어섭니다.
오늘의 내가 있듯이
내일의 내가 손을 내밀어 줄 것입니다.
기억에 기대기보다
희망의 발을 디디겠습니다.

어제와 다른 나

그 많은 어제의 반복에서
견디는 법을 배웠습니다.
오늘은 용서하는 법을 배웠습니다.
내일은 사랑하는 법을 배울 것입니다.
이렇게 나는 어른이 되어갑니다.
어제도 오늘도 지나고 나면
그 많은 이야기도 지나갈 것입니다.
사라지거나 사라지지 않거나
익숙해질 것입니다.
남은 내일들을 위해 걸어갈 것입니다.
다시, 어제처럼
다시, 오늘처럼
좀 더 여유로운 내일이 되겠습니다.

끝나지 않은 노래

힘들 때
생각나는 사람이 없던 날들
아무도 그 누구도
힘이 되지 않는다고 생각되던 날들
나는 왜?
고민 속 혼자가 되었는가?
해결도 없이 밤이 오기만을 기다리던 날들
불면의 눈물을 흘리던 날들
밤하늘 별이 내 사연을 들어 주던 날들
지나…
지나고…
다 지나가고
오늘은 이렇게 고요합니다.
아무도 모르는
나의 노래와 내 안의 옛이야기를
곱게 채색하며 노래합니다.

전부

어릴 때는
집과 가족이 전부
자랄 때는
친구가 전부, 공부가 전부
아름다운 외모가 전부
머무는 자리의 명예가 전부
성인이 되어서는 배우자가 전부
자녀가 전부고 돈이 전부
지금은 건강이 전부!
후일을 생각하면
이름자가 전부
어떤 가치를 남기는지
양심의 기록이 전부
머언 훗날엔
지나가는 바람결이 전부겠지요.

답장 없는 편지

육십 중반
내려놓을 것이 많은 인생입니다.
하늘에 계신 부모님과 언니 오빠들
이제야 진심을 쓰려는데
우표를 붙일 주소가 없습니다.

하지만 믿습니다.
이 마음이, 이 시들이
하늘 어딘가에 계실 마음에 닿기를

막내도 황혼 길에 서 있습니다.
언젠가 다시 만날 그날
조금은 덜 부끄러운
내 영혼의 고백이 되기를…

막내딸이자
동생이자
~~이승에 아직 남겨진 이름으로부터!

경험

세상이란
살아보지 않고는 알 수 없고,
살아온 만큼, 살아낸 후에야
말할 수 있는 무게가 생깁니다.

세월은 번민입니다.
사람이 사람에게 남긴 상처,
나 자신이 나를 몰라
더 힘들었던 날들.

세월은 연민입니다.
한 번쯤 안아주었어야 할 사람들,
말 대신 침묵을 건넨 순간들.
그 모든 게 가슴에 남았습니다.
미련도, 애착도
쉽게 지워지지 않았습니다.
내가 사랑한 이 하늘, 이 땅
그 안에서 함께 웃고 울던 얼굴들,
그 안에 남은 나의 흔적들.

어느 날부터인가
병마가 그림자처럼 드리우고
살아있음이 고마우면서도
두려워졌습니다.

이제는
작별을 준비해야 할 때라고
마음이 말을 겁니다.
하지만 아직,
한 줌의 시심이 남아
이 글을 마무리합니다.
살아온 날보다
살아낼 날이 짧기에,
더 사랑하며 살겠습니다.

마지막 편지

지나고 보니
참 짧은 인생입니다.

다시 헤아려 보면
꽤 많이 걸어온 길인데도
아직 가보지 못한 곳,
끝내 다 이루지 못한 일들이
매우 아쉽습니다.

그때는 몰랐던
시간의 소중함,
허투루 흘려보낸
순간들이 오늘따라
덧없이 그립습니다.

잡고 싶었지만
끝내 손에 닿지 않았던
기쁨 하나가
이제는 놓아야 할 꿈으로
저 멀리 물러섭니다.

이제,
그간 함께해 준 고마운 인연
많은 신세,
다 갚지 못했습니다.

그저
미안하고,
고마운 마음으로
미리 작별 인사를 드립니다.

작가 후기

'그런 줄 알고 살았다'는
오랜 시간, 제 마음속을 지키던 말이었습니다.
그렇게 믿었고
그렇게 견뎠으며
그렇게 살아왔습니다.

뒤늦게야 깨달은 것들이 있습니다.
나만 그런 줄 알았던 마음이
사실은 누구에게나 있었다는 것,
모두가 저마다의 무게를 안고
조용히 하루를 견디고 있었다는 것.
이 시집은 그 깨달음의 기록입니다.
크게 말하지 못했던 마음을
작은 언어로 꺼내본 것뿐입니다.
읽어주는 이가 있다면…
그 마음이 잠시 머물 수 있다면…
더 바랄 것이 없습니다.